Winnie the Pooh visita al médico

Dirección editorial: Raquel López Varela
Coordinación editorial: Antonio Manilla
Diseño de cubierta: Darrell Smith

EDITORIAL EVEREST, S. A.
División de Licencias y Libros Singulares
Calle Manuel Tovar, 8
28034 Madrid

ISBN: 978-84-441-0311-2
Depósito legal: LE. 172-2011
Printed in Spain - Impreso en España
Editorial Evergráficas, S. L.

Disney Winnie the Pooh

Winnie the Pooh visita al médico

everest

Dice Christopher Robin que ha llegado el momento de mi *decisión animal!* —exclamó Winnie the Pooh—. Va a llevar su maletín de médico a casa de Búho.

—¡¿El maletín?! —preguntó Piglet—. Pero... ¡po-pobre Wi-Winnie! ¡Eso quiere decir que estás enfermo!

—¿¡Enfermo!? —respondió Winnie—. No..., estoy bien. Aunque la verdad es que siento un cosquilleo en la tripa.

Entonces es eso! —exclamó Piglet.

—¿Qué es eso? —preguntó Winnie.

—Tu tripita... debe de estar malita.

—¿Tú crees? —insistió Winnie.

—¿Tú crees que no? —preguntó Piglet.

—Pues sí, será eso. Supongo —dijo Winnie.

Winnie volvió a sentir un cierto cosquilleo en la tripa.

—¡Pobre Winnie! —exclamó Piglet—. Vamos juntos. Siempre es mucho mejor estar acompañado.

Adelante, Winnie! —exclamó Tigger desde una mesa que había colocado cerca de la puerta principal de Búho—. En cuanto termine Rito, te toca a ti.

—¿Por qué necesito una *decisión animal*, Christopher Robin? —preguntó Winnie.

—¡Qué oso más tontorrón! —exclamó Christopher Robin—. No es una *decisión animal*, sino una *revisión anual.* Tenemos que asegurarnos de que creces fuerte y sano. Ahora Búho te pondrá una vacuna especial para que estés bien.

Una inyección? —preguntó Winnie.

Sintió un retortijón en la tripa.

—¡Una inyección! —exclamó Piglet—. ¡Pobre Winnie!

—No te preocupes —dijo Christopher Robin—. Es un pinchazo de nada, y la medicina que hay en la vacuna es para que no cojas paperas, sarampión y cosas así.

—*Flojeras y serpentón* —susurró Winnie a Piglet—. Qué horrible.

—Espantoso —dijo Piglet.

En aquel momento, Rito salió de casa de Búho dando saltos.

—Me acaban de hacer la revisión. ¡No es nada! —exclamó—. Dame uno azul, Tigger, por favor.

Tigger infló un precioso globo azul para Rito.

—Pasa por aquí, Winnie —dijo Conejo, que hacía de enfermero.

—¡Bu-buena suerte! —exclamó Piglet.

Winnie entró en casa de Búho pisando fuerte.

Christopher Robin no se separaba de él.

En casa de Búho hacía un calor agradable. Menos mal, porque Conejo pidió a Winnie que se quitara la camiseta.

—Siéntate encima de esta mesa, jovencito —dijo Conejo.

Conejo le ató una cinta alrededor del brazo y la llenó de aire.

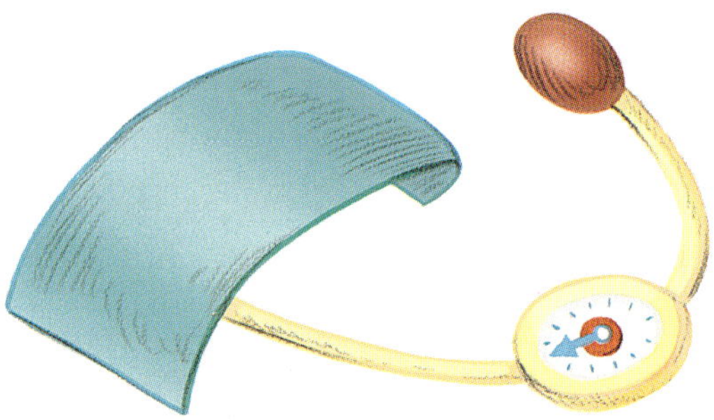

La cinta le apretaba el brazo más y más.

—¿Qué tal? —le preguntó Conejo.

—Me aprieta —respondió Winnie.

—Este medidor me dice que tienes bien la presión sanguínea —dijo Conejo.

Ahora súbete en el peso. Te voy a pesar y medir... *¡Ajá!* Tienes la altura perfecta para un oso de tu edad, Winnie, aunque estás algo rellenito. Eso se arregla con un poco de ejercicio.

—Yo hago ejercicio todas las mañanas —respondió Winnie.

—Estupendo —dijo Conejo—. Sigue así. Ahora, si me disculpáis, tengo muchos asuntos importantes que atender. Búho llegará en seguida.

De pronto apareció Búho haciendo una reverencia. Christopher Robin hizo una seña a Winnie con la cabeza, para animarle.

—Vaya, vaya, qué tenemos aquí..., ¡pero si es Winnie the Pooh! —exclamó—. Hace un día estupendo para una revisión, ¿verdad? ¿Cómo te encuentras?

—La verdad es que siento un cosquilleo en la tripa —respondió Winnie.

—Vaya, vaya —dijo Búho—. Vamos a ver...

Le palpó la tripa, el cuello y las axilas.

—Parece que todo está en su sitio.

—Ah..., menos mal —Winnie soltó una risita.

Bueno, y mi otoscopio también está en su sitio, aquí mismo, en mi maletín —dijo Búho.

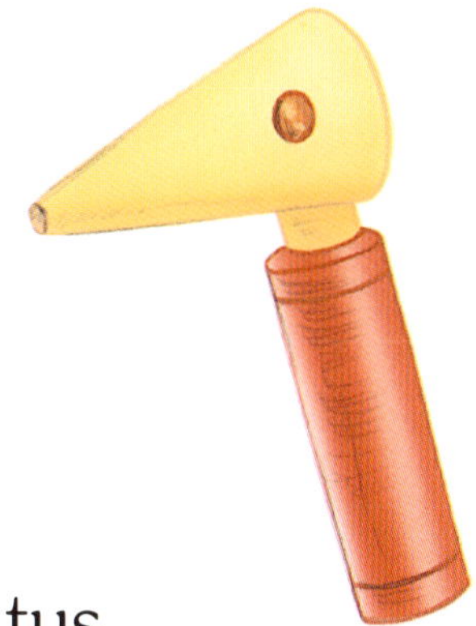

—¿Un *o-tus-qué?*

—Es una linterna muy pequeña —dijo Búho— que me ayuda a ver bien el interior de tus oídos..., *ajá...* tus ojos... muy bien..., tu nariz... estupendo..., y tu boca y tu garganta. Abre la boca y di «*Aaaa*».

—*Aaaa...* —dijo Winnie.

Búho le bajó la lengua con un palito de madera.

—¡Excelente! —exclamó Búho.

Entonces Búho sacó de su maletín un pequeño martillo de goma.

—¡Ha llegado la hora de medir tus reflejos! —dijo con voz solemne.

—¿Qué es un reflejo? —le preguntó Winnie.

—Te voy a dar un golpecito en la rodilla y en seguida lo verás.

Búho le dio un golpecito en la rodilla, y la pierna de Winnie dio una patadita.

—¡Qué bien! ¡Hazlo otra vez! Es muy divertido.

Y Búho le dio otro golpecito.

La otra pierna de Winnie también dio una pequeña patada.

Bueno; este instrumento se llama estetoscopio —dijo Búho—. Sirve para escuchar.

—¿Y qué se escucha? —preguntó Winnie.

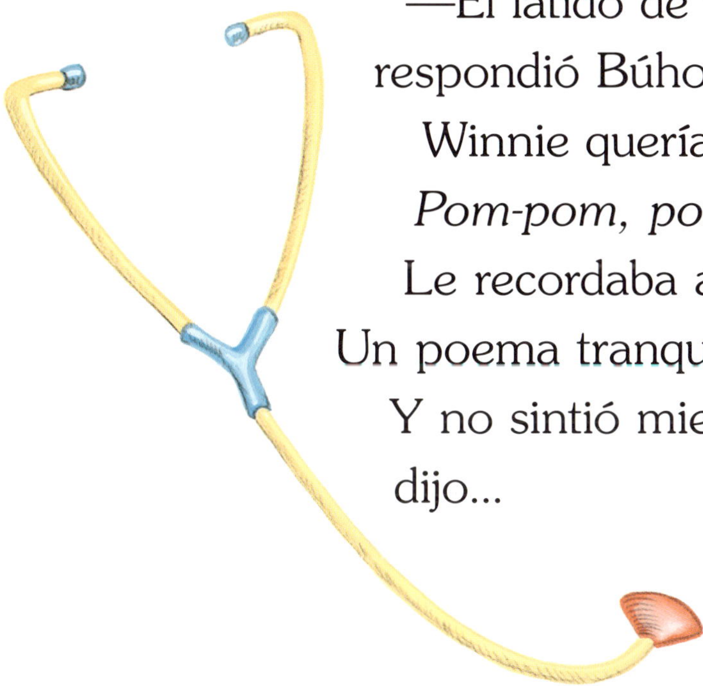

—El latido de tu corazón —respondió Búho—. ¿Quieres oírlo?

Winnie quería oírlo.

Pom-pom, pom-pom, pom-pom.

Le recordaba a un poema.

Un poema tranquilo y placentero.

Y no sintió miedo cuando Búho dijo...

Siéntate aquí, en el regazo de Christopher Robin. Voy a ponerte la inyección.

—Sé que solo me dolerá un momento y luego no cogeré *flojeras* y *serpentón* —dijo Winnie, hecho un valiente.

—Querrás decir paperas y sarampión, Winnie —respondió Búho.

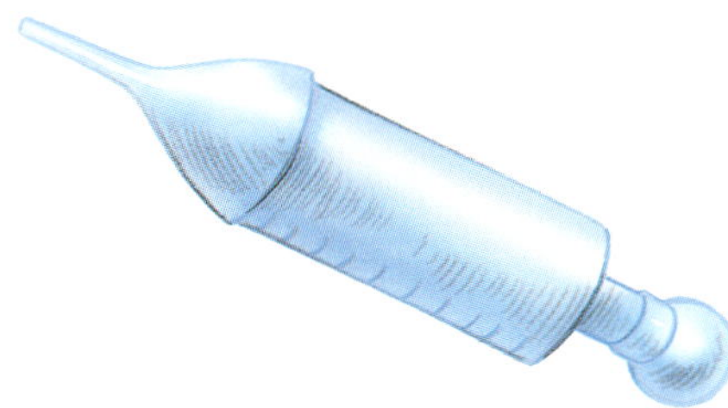

—¿Puede entrar Piglet para cogerme la patita? —preguntó Winnie.

—Pues claro —contestó Búho.

Cuando Búho terminó, Conejo volvió a aparecer con una tirita.

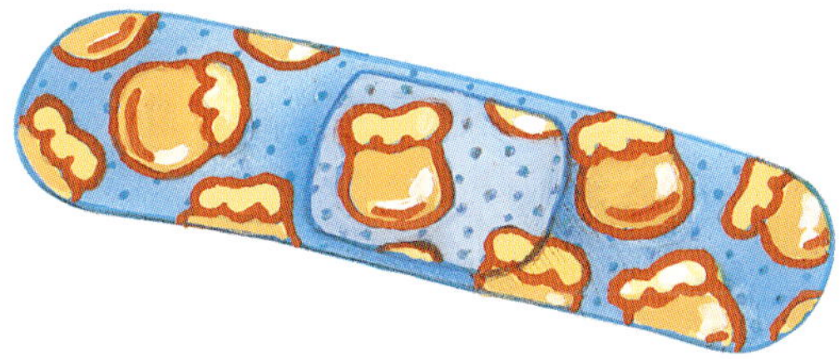

—Verás cómo se te pasa en seguida —dijo, poniéndole la tirita.

—¡Vaya! —exclamó Piglet—. ¡Ni siquiera has llorado!

—Una revisión anual no es nada para un oso tan valiente como Winnie —dijo Christopher Robin.

«Claro, un oso como yo...», pensó Winnie para sus adentros mientras se volvía a poner la camiseta.

Winnie —dijo Búho—, estás totalmente sano, pero como tienes ese cosquilleo en la tripa, te receto un tarro de miel enorme, en cuanto llegues a casa.

—Christopher Robin —susurró Winnie—, ¿eso quiere decir que ya no puedo tomar más miel?

—Quiere decir que te puedes tomar un tarro grande siempre que quieras.

—Entonces, lo quiero ahora mismo —respondió Winnie.

Ya tenía la tripa mucho, mucho mejor.

H-O-A-hasta otra, amigo! —exclamó Tigger—. ¡No olvides tu globo!

—Gracias, Tigger —dijo Winnie.

Winnie dejó a Piglet llevar el globo. Se fueron juntos a casa, a comer.

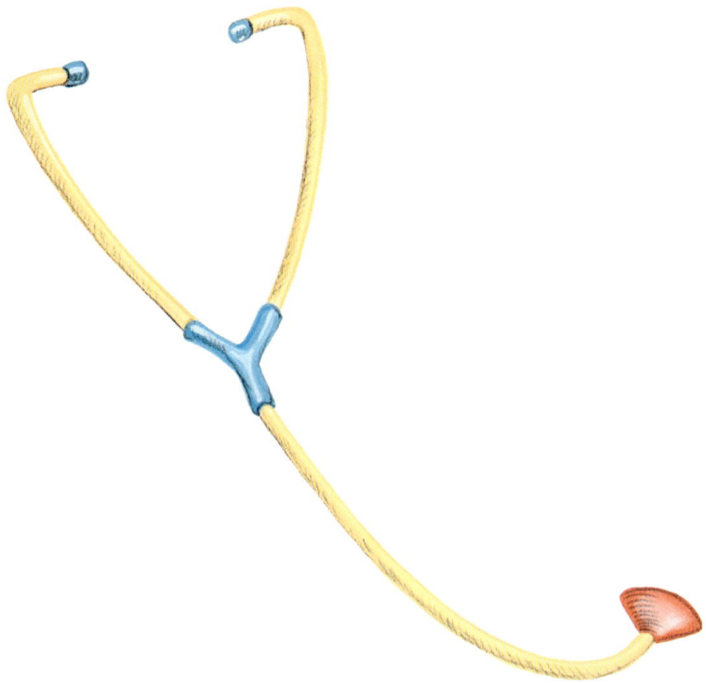